RÈGLEMENT MINISTÉRIEL

DU 24 MARS 1893

DÉTERMINANT

LES CONDITIONS DANS LESQUELLES DEVRONT AVOIR LIEU

EN 1893

LES EXAMENS QU'AURONT A SUBIR

LES OFFICIERS SUPÉRIEURS

ET LES CAPITAINES DE TOUTES ARMES

CANDIDATS AU BREVET D'ÉTAT-MAJOR

(Extrait du *Journal militaire*, 1er semestre 1893, n° 9.)

PARIS

LIBRAIRIE MILITAIRE DE L. BAUDOIN

IMPRIMEUR-ÉDITEUR

30, Rue et Passage Dauphine, 30

1893

PARIS. — IMPRIMERIE L. BAUDOIN, 2, RUE CHRISTINE.

RÈGLEMENT MINISTÉRIEL

DU 24 MARS 1893

déterminant les conditions dans lesquelles devront avoir lieu, en 1893, les examens qu'auront à subir les officiers supérieurs et les capitaines de toutes armes candidats au brevet d'état-major.

En vertu des dispositions de l'article 3 de la loi du 20 mars 1880 et de l'article 11 du décret du 3 janvier 1891, le Ministre de la guerre a arrêté ainsi qu'il suit, pour l'année 1893, l'organisation et le programme des épreuves qu'auront à subir les officiers supérieurs et les capitaines de toutes armes admis à concourir pour l'obtention du brevet d'état-major.

DEMANDES DES CANDIDATS.

Les officiers supérieurs et les capitaines des armées de terre et de mer (ces derniers avec l'autorisation de M. le Ministre de la marine) ne sont admis aux examens que s'ils ont, au 31 décembre de l'année courante, sept années de grade d'officier, dont trois au moins passées dans les troupes.

Les officiers qui auront échoué aux examens d'admission à l'Ecole supérieure de guerre ne pourront se présenter à ceux pour l'obtention du brevet d'état-major qu'après deux ans écoulés.

Les demandes des candidats devront être transmises par la voie hiérarchique. Elles seront établies sous forme de propositions du modèle des inspections générales et accompagnées d'un état de services, d'un rapport particulier conforme au modèle annexé au présent règlement et d'un extrait du registre du personnel.

MM. les chefs de corps ou de service, les généraux de brigade, de division et commandants de corps d'armée noteront les officiers avec le plus grand soin; ils s'efforceront de faire ressortir l'aptitude professionnelle plus ou moins grande des candidats, et apprécieront notamment la vivacité de leur esprit, la facilité de leur travail, la sûreté de leur jugement, les qualités de leur caractère et enfin leur aptitude au service d'état-major.

Toutes les demandes seront transmises au Ministre, quel que soit l'avis les accompagnant, avant le 15 juillet prochain, terme de rigueur (Etat-major de l'armée, Section du Personnel du service d'état-major).

Les commandants des corps d'armée dans lesquels il ne se présentera pas de candidats devront envoyer des états « néant ».

L'examen des demandes sera fait par le Comité technique d'état-major ou par une délégation dudit Comité choisie par le président,

et le Ministre notifiera, en temps utile, aux commandants de corps
» armée les noms des officiers admis à subir les épreuves.

COMMISSION D'EXAMEN.

Cette commission sera celle qui procédera aux examens de sortie
des officiers détachés à l'Ecole supérieure de guerre ; elle se com-
posera des membres du Comité technique d'état-major, auxquels
seront adjoints des officiers généraux appartenant aux différentes
armes désignés à cet effet.

Elle se subdivisera, comme pour les officiers détachés à l'Ecole
supérieure de guerre, en sous-commissions, examinant chacune
tous les candidats sur un certain nombre de matières.

La correction des compositions écrites des candidats au brevet
aura lieu concurremment avec celle des compositions des officiers
sortant de l'Ecole supérieure de guerre (sans distinction entre ces
deux catégories de candidats), et avec les mêmes garanties de
secret.

NATURE DES ÉPREUVES.

L'ensemble des épreuves comprendra :

1° *Des épreuves écrites*, savoir :

A. Une question de tactique.

B. Une question de service d'état-major en campagne.

C. Un croquis topographique (pour les capitaines seulement).

Les sujets des deux premières épreuves seront les mêmes que
ceux qui seront donnés aux officiers sortant de l'Ecole supérieure
de guerre ;

Le sujet du croquis topographique sera choisi par la commission
d'examen.

2° *Des épreuves orales*, dont le programme est indiqué ci-après ;

3° Une *épreuve d'équitation*.

En outre, chaque candidat devra présenter à la commission un
travail d'étude, dont le sujet lui aura été donné par le chef d'état-
major du corps d'armée, et qui sera visé par le chef de corps ou le
chef de service.

Pour le choix du programme et l'exécution de ce travail, on se
conformera aux prescriptions de l'instruction du 14 juin 1879 sur
les travaux d'étude des officiers du service d'état-major (*Journal
militaire officiel*, partie supplémentaire, page 1165).

Indépendamment de ce travail obligatoire, les candidats sont
autorisés à présenter à la commission d'examen les travaux et
ouvrages personnels qu'ils auront pu exécuter.

La commission fera connaître, en outre, par une cote spéciale
pour chaque candidat, son appréciation au sujet de son aptitude
au service d'état-major.

DATES DES ÉPREUVES

1° *Épreuves écrites.*

Les deux premières épreuves écrites (question de tactique et question de service d'état-major en campagne) auront lieu aux mêmes dates et aux mêmes heures que les épreuves similaires des examens de sortie de l'Ecole supérieure de guerre, mais dans un local distinct.

Le croquis topographique des capitaines candidats au brevet (copie à l'échelle ou agrandissement) sera exécuté dans une séance d'une durée de six heures, à la date fixée par la commission d'examen.

L'usage du compas simple, du double décimètre, de la règle et de l'équerre sera autorisé.

2° *Épreuves orales et épreuve d'équitation.*

Ces épreuves auront lieu en même temps que celles des examens de sortie de l'Ecole supérieure de guerre.

Les dates des diverses épreuves seront notifiées en temps utile aux commandants de corps d'armée, qui les feront connaître aux candidats.

PROGRAMME DES ÉPREUVES ORALES.

TACTIQUE APPLIQUÉE D'INFANTERIE.

ÉTUDE DE L'ARME.

1.° *Organisation de l'infanterie;*

2° *L'infanterie en marche.* — Vitesse, formation, longueur des colonnes. — Ordre normal. — Conséquences au point de vue de l'emploi de l'infanterie sur le champ de bataille.

Exécution des marches. — Marches forcées, de nuit, etc. — Hygiène. — Discipline de marche.

3° *L'infanterie en station.* — Cantonnement. — Préparation du cantonnement. — Mesures diverses à prendre dans l'intérieur des corps de troupe. — Bivouac. — Dispositif normal.

4° *Du service de sûreté en marche et en station.* — Marche en avant. — Avant-garde; son rôle, sa force et sa composition. — Sûreté sur les flancs.

Marche de flanc et marche en retraite. — Flanc-garde et arrière-garde ; leur rôle, leur force et leur composition.

Avant-postes. — Bataillon aux avant-postes. — Rôle de la grand'garde et de la réserve. — Choix de la ligne d'avant-postes.

5° *L'infanterie au combat.* — Rôle multiple de l'infanterie sur le champ de bataille, dans l'attaque et dans la défense.

Importance et emploi des feux. — Armement. — Etude du règlement. — Formations de manœuvre et de combat.

INFANTERIE EN COMBINAISON AVEC LES AUTRES ARMES.

1° *Principes de tactique.* — Combat offensif. — Combat défensif.
2° *Applications.*

DE LA GUERRE AUX COLONIES ET EN PAYS DE MONTAGNE.

Infanterie en Afrique, aux colonies, en pays de montagne. — Marches. — Importance du convoi. — Stationnement. — Sûreté. — Combat.

INFANTERIES ÉTRANGÈRES.

Etude comparative de la tactique de l'infanterie dans les diverses armées étrangères. — Formations. — Etude des manœuvres de l'armée allemande.

TACTIQUE APPLIQUÉE DE CAVALERIE.

MARCHES.

Allures et vitesses des marches.
Longueur des marches.
Ordre et formations de marche.
Mesures conservatrices des hommes et des chevaux ; règles générales à observer à cet égard ; nourriture des hommes, nourriture des chevaux ; soins à donner au harnachement, au paquetage, à la ferrure.
Marches de nuit.
Remonte de la cavalerie en campagne.
Alimentation des troupes de cavalerie en campagne.
Service de sûreté en marche de la cavalerie : principes généraux ; colonne de régiment ; colonne de brigade ; colonne de division.
Place et rôle de la cavalerie dans les marches de guerre.
Généralités sur le service d'exploration ; définition et caractère de ce service ; force et composition des unités auxquelles il doit

être confié; distance à laquelle il doit fonctionner. — Dispositif d'exploration de la division prescrit par le décret du 26 octobre 1883.

Examen critique de ce dispositif.

Exploration sur les flancs.

Exploration sur les derrières.

Rideaux de cavalerie.

Infanterie en soutien de la cavalerie.

Transmission des renseignements et service de correspondance.

Place et rôle de la cavalerie dans une colonne composée de toutes armes, mais n'opérant pas isolément.

Place et rôle de la cavalerie attachée à une colonne opérant isolément.

Examen critique du rôle et du dispositif de la cavalerie attachée aux colonnes de toutes armes, tels qu'ils résultent du décret du 26 octobre 1883 et des *Observations* du 16 février 1890.

STATIONNEMENT.

Place et rôle de la cavalerie pendant les stationnements.

Différents modes de stationnement de la cavalerie.

Bivouacs.

Cantonnements.

Service de sûreté en station de la cavalerie.

Nature générale de ce service.

Avant-postes irréguliers.

Cantonnements d'alarme.

Avant-postes réguliers.

Avant-postes mixtes.

COMBAT ET EMPLOI DE L'ARME.

Considérations générales sur le combat de la cavalerie.

Combat contre la cavalerie.

Combat contre l'infanterie.

Combat contre l'artillerie.

Combat à pied.

Passage des défilés.

Emploi de la cavalerie sur le champ de bataille : avant le combat et dans le déploiement des colonnes de toutes armes; pendant le combat, après le combat; poursuite, retraite.

Emploi de la cavalerie en dehors du champ de bataille : Partisans, raids, réquisitions, destructions et travaux de campagne par la cavalerie.

Cavalerie combinée avec l'artillerie.

Considérations générales sur la combinaison des deux armes; emploi de l'artillerie dans le combat de la cavalerie; soutien de l'artillerie.

CAVALERIES ÉTRANGÈRES.

Etude comparative de la tactique de la cavalerie dans les armées étrangères : Allemagne, Autriche-Hongrie, Russie, Italie.

ARTILLERIE.

Description générale du matériel.

Considérations sur les éléments d'un système d'artillerie. — Transformations de l'artillerie depuis 1870.
Bouches à feu.
Projectiles et fusées. — Poudre.
Affûts de campagne, de montagne, de siège, de place, de côte. — Affûts spéciaux.
Voitures de campagne.
Notions sur le matériel des armées étrangères.

Exposé des principes du tir.

Principes généraux du tir. — Eléments du tir. — Dispersion. — Justesse du tir. — Différents genres de tir.
Principes du tir des projectiles percutants et des projectiles fusants de campagne. — Tir à mitraille. — Tir de siège, de place. — Tir à la mer. — Réglage du tir.

Tactique de l'artillerie dans la guerre de campagne.

L'artillerie allemande de 1866 à 1870. — Conséquences de ces deux campagnes sur la tactique de l'arme. — Conséquences tactiques des progrès de l'armement de l'artillerie de campagne.
Organisation de l'artillerie en temps de guerre. — Propriétés tactiques de l'artillerie de campagne. — Effet du tir des canons de campagne. — Formations tactiques. — Marches et stationnement.
Service de l'artillerie sur le champ de bataille. — Choix et occupation des positions. — Conduite du feu. — Service des munitions.
Emploi de l'artillerie avec les autres armes. — Combat offensif et défensif; combat de rencontre. — Combat de la division d'infanterie. — Combat du corps d'armée. — Service du réapprovisionnement. — Combats de localités et passages de défilés.
De l'artillerie dans la division de cavalerie indépendante, pendant l'exploration, le combat de cavalerie et la bataille.
Ravitaillement par les services de l'arrière.
Données générales sur l'organisation de l'artillerie de campagne

des armées étrangères. — Tactique de l'artillerie de campagne à l'étranger.

Tactique de l'artillerie dans la guerre de forteresse.

Attaque des places fortes. — Investissement. — Attaque de vive force. — Bombardement. — Marche générale des attaques régulières. — Organisation des équipages de siège. — Effets du tir des bouches à feu de siège.

Défense des places fortes. — Bases de l'armement. — Approvisionnements. — Organisation du tir des places fortes.

Organisation du matériel de siège et de place à l'étranger. — Tactique de la guerre de forteresse à l'étranger.

Ponts militaires en France et à l'étranger.

Des ponts. — Des passages de rivière au point de vue tactique.

FORTIFICATION.

FORTIFICATION PASSAGÈRE.

Éléments de la fortification passagère.

But et utilité de la fortification passagère.

Ressources dont les armées disposent pour l'exécution des travaux de campagne. — Principes qui ont présidé à la fixation de l'outillage en France. — Echelonnement des ressources. — Comparaison avec l'outillage des principales armées étrangères.

Considérations générales sur les divers ouvrages élémentaires de campagne. — Leur valeur défensive et tactique. — Leur appropriation au terrain.

Idées actuelles sur l'association des ouvrages élémentaires. — Groupes et lignes d'ouvrages. — Lignes de groupes d'ouvrages.

Défenses accessoires. — Leur emploi. — Leur valeur tactique. — Organisation défensive des lieux habités. — Valeur tactique de cette organisation.

Travaux de stationnement. — Leur utilité. — Leur importance.

Importance des communications à la guerre. — Travaux relatifs à leur création, à leur entretien ou à leur destruction.

Application de la fortification passagère à l'occupation d'une position. — Principes généraux.

Application à diverses situations tactiques. — Comment doit être conçue l'occupation pour favoriser l'offensive.

Emploi tactique de la fortification passagère.

Organisation d'un champ de bataille offensif ou défensif. — Principes. — Préparation et exécution des travaux.

Application à un front de brigade. — Exemples historiques.

Création de positions d'arrêt et de places du moment. — Exemples historiques.

Organisation de postes et de gîtes d'étapes.

Investissement des places fortes. — Conditions d'exécution et nature des travaux.

Organisation complémentaire des places fortes. — Travaux avancés. — Leur valeur. — Travaux sur la ligne des forts. — Leur but et leur nature. — Travaux en arrière. — Travaux d'appropriation des ouvrages permanents inachevés.

La fortification passagère à l'étranger : profils, tracés et emploi tactique.

FORTIFICATION PERMANENTE.

Éléments de la fortification permanente.

Influence exercée par l'artillerie rayée sur les profils et les tracés de la fortification permanente.

Principes d'organisation adoptés en France après 1870, pour les grandes places.

Constitution des ouvrages d'après leur rôle tactique : forts de protection, forts isolés, fort d'occupation ; enceintes.

Dispositions relatives à la protection de l'artillerie dans les ouvrages.

Types principaux d'ouvrages à l'étranger après 1870.

Conditions imposées de nos jours à la fortification par suite de l'emploi des explosifs à grande puissance.

Idées émises en France et à l'étranger sur les transformations à faire subir à la fortification pour lui permettre de résister aux nouveaux projectiles.

Attaque et défense des places.

Caractères généraux de la guerre de siège à l'époque actuelle.

Modes irréguliers d'attaque. — Leur valeur.

Siège régulier. — Préparation à la guerre de siège, au point de vue de l'attaque et à celui de la défense.

Période d'investissement. — Emploi de la fortification pour l'investissement. — Opérations et travaux exécutés par l'assaillant et par le défenseur.

Installation du matériel. — Répartition du personnel. — Difficultés des attaques brusquées.

Attaque rapprochée. — But et nature des opérations. — Travaux de l'attaque et de la défense. — Occupation d'un ou de plusieurs forts ; préparation et exécution de l'assaut.

Opérations finales de l'attaque et de la défense. — Lignes de défense successives. — Attaque du noyau central.

Attaque et défense des forts isolés, d'une place à simple enceinte, des retranchements demi-permanents.

Etude comparée des principes et des méthodes en vigueur à l'étranger.

Organisation défensive des Etats.

Emploi de la fortification pour la défense des Etats. — Lignes frontières. — Lignes de places fortes. — Ce qu'il faut entendre par camp retranché. — Système des places d'appui, des camps retranchés, des régions fortifiées.

Principes sur lesquels repose l'organisation défensive actuelle de la France. — Frontière du Nord. — Région maritime. — Position centrale du Nord. — Région entre la Sambre et la frontière d'Allemagne.

Frontière d'Allemagne. — Nécessité de créer des positions centrales. — Région de la Meuse moyenne. — Région Epinal-Belfort. — Position de Langres.

Frontière suisse. — Le Jura. — Besançon. — La Haute-Savoie.

Frontière d'Italie. — Principes de l'organisation défensive en pays de montagnes. — Les Alpes. — La Provence et le comté de Nice.

Frontière des Pyrénées. — Caractères particuliers des deux théâtres d'opérations de cette frontière.

Défense des côtes. — Grandes places maritimes françaises. — Défenses de terre.

Positions de seconde ligne. — Leur nécessité. — Positions centrales. — Paris : système de 1841 et organisation actuelle. — Lyon.

Organisation défensive des petits Etats. — Suisse, Belgique, Hollande. — Défense centralisée.

Organisation défensive de l'Allemagne. — Frontière de l'Ouest. — Défense des côtes.

Organisation défensive de l'Italie. — Conditions particulières imposées par la forme et la constitution du pays.

TOPOGRAPHIE.

Notions générales sur les cartes. — Echelles. — Signes conventionnels de la planimétrie. — Relief du terrain sur les cartes. — Courbes de niveau ; hachures, diapason. — Emploi du lavis. — Représentation des principales formes du terrain sur les cartes.

Levés réguliers. — Planimétrie. — Canevas. — Mesure des distances. — Mesure des angles. — Orientation d'un canevas. — Planchette. — Alidade. — Déclinatoire. — Levé de détail. —

*

Boussole. — Nivellement direct. — Niveaux. — Nivellement topographique. — Éclimètre. — Calcul des cotes. — Marche à suivre pour exprimer le relief du terrain.

Levés expédiés. — Planimétrie. — Stadias. — Télémètres. — Mesure des angles. — Instruments employés. — Levé de détail. — Nivellement. — Instruments employés. — Nivellement barométrique. — Marche à suivre pour exprimer le relief.

Levés à vue. — Levés par renseignements. — Itinéraires. — Mémoires descriptifs.

Cartographie. — Service géographique de l'armée. — Cartes françaises. — Carte de France au 1/80,000ᵉ, dite carte de l'état-major. — Exécution de la carte. — Revision de la carte. — Nouvelles cartes au 1/50,000ᵉ et au 1/200,000ᵉ. — Cartes de l'Algérie. — Cartes du génie. — Plans. — Plans reliefs.

De la topographie en campagne.

Cartes étrangères.

GÉOGRAPHIE.

France et ses colonies.

Description géologique de la France. — Examen détaillé des zones frontières, chacune d'elles correspondant à une grande région naturelle, savoir :

La région du Nord ou la frontière belge ;
La région du Nord-Est ou la frontière allemande ;
La région de l'Est ou la frontière suisse : Jura, Grandes-Alpes ;
La région du Sud-Est ou la frontière italienne : Alpes ;
La région du Sud-Ouest ou la frontière espagnole : Pyrénées ;
Le massif central et la région du Nord-Ouest considérés comme les réduits de la défense nationale.

Algérie et Tunisie. — Sénégal et Congo. — Recherche des routes commerciales avec le Soudan.

Cochinchine et Tonkin.

Europe et établissements européens en Asie et en Afrique.

Description géologique de l'Europe.

Empire d'Allemagne. — Ses peuples. — Frontière occidentale. — Frontière maritime. — Frontière orientale.

Belgique, Hollande, Danemark.

Italie. — Frontière autrichienne. — Frontière française. — Italie péninsulaire.

Empire austro-hongrois. — Ses nationalités. — Frontière austro-allemande.

Russie. — Frontière occidentale.

Etats de la péninsule des Balkans (Roumanie, Serbie, Grèce, Monténégro, Empire ottoman).

Géographie maritime du bassin de la Méditerranée.

Angleterre et positions maritimes des Anglais sur les grandes routes de navigation.

Positions des Russes dans le Caucase, le Turkestan et la province transcaspienne.

Rivalité des Russes et des Anglais dans l'Asie centrale. — Question de l'Afghanistan.

La Chine et ses relations avec les puissances européennes.

Recherche des routes commerciales entre la Chine d'une part, la Cochinchine et la Birmanie anglaise, d'autre part.

Routes commerciales et projets de chemins de fer par la vallée de l'Euphrate.

L'Egypte et la situation du Soudan. — Tripolitaine.

Nota. — Pour chaque théâtre de guerre, faire ressortir le rôle stratégique des chemins de fer de la région, particulièrement au point de vue de la concentration des armées sur les frontières.

ADMINISTRATION.

ADMINISTRATION GÉNÉRALE.

Lois, décrets et règlements d'administration publique.

Ressources de l'administration. — Impôts, emprunts, revenus du domaine.

Emploi des ressources. — Budget. — Crédits. — Ordonnancement. — Payement.

Contrôle de l'emploi des deniers publics, des crédits, des matières. — Cour des comptes. — Contrôle exercé par les Chambres.

Contrats administratifs. — Acquisitions, ventes, baux, adjudication publique. — Juridiction administrative. — Responsabilité civile de l'Etat, des fonctionnaires. — Règles particulières à l'Algérie.

ADMINISTRATION DE L'ARMÉE.

Ministère de la guerre. — Administration centrale. — Comités consultatifs. — Action du commandement en matière administrative. — Direction. — Gestion. — Contrôle.

Service de l'intendance aux armées en campagne. — Attributions générales de l'intendance. — Attributions spéciales des fonctionnaires attachés aux diverses formations du pied de guerre. — Relations avec le commandement.

Exécution des services administratifs. — Entreprise. — Gestion directe : personnel d'exécution. — Troupes de transport.

Moyens matériels et procédés généraux de l'administration :

approvisionnements, achats et réquisitions. — Fonds et contributions de guerre.

Service de l'alimentation aux armées.—Période de mobilisation. — Période des transports stratégiques. — Période de concentration. — Période des opérations actives.

Alimentation journalière. — Fonctionnement du service en première ligne; trains régimentaires et convois administratifs.

Ravitaillement sur l'arrière. — Stations-magasins. — Stations têtes d'étapes de guerre. — Têtes d'étapes de route. — Gîtes principaux d'étapes de route. — Boulangeries de campagne. — Convoi auxiliaire. — Dispositions spéciales au service des vivres-viande.

Application des procédés d'alimentation aux diverses circonstances d'une campagne. — Ordres du commandement en ce qui concerne l'alimentation des troupes.

Service de l'habillement. — Service du Trésor. — Service des transports. — Transports maritimes. — Affrètement direct ou par commission. — Feuille de route des navires. — Pertes ou avaries.

Organisation administrative d'une place forte, au point de vue des divers services de l'intendance.

Corps de troupes. — Modifications à l'administration intérieure des corps, par suite de l'état de guerre. — Administration des sections techniques de chemins de fer. — Administration des quartiers généraux.

Dispositions spéciales aux grandes manœuvres. — Subsistances. — Transports. — Réglement des dégâts.

Administration chez les puissances étrangères.

Allemagne. — Ministère de la guerre. — Intendantur. — Organisation et fonctionnement des services administratifs. — Administration intérieure des corps. — Régularisation des perceptions en deniers et en matières.

Service de l'intendantur en campagne. — Attributions. — Alimentation. — Services de première ligne et de l'arrière. — Habillement.

Autriche-Hongrie. — Ministère de la guerre. — Direction et fonctionnement des services administratifs. — Administration intérieure des corps. — Administration des landwehrs cisleithane et hongroise.

Service de l'intendance en campagne. — Attributions générales. — Service des subsistances en première ligne et à l'arrière. — Habillement.

Italie. — Service du commissariat. — Administration intérieure des corps. — Bureau de revision.

Russie. — Ministère de la guerre. — Fonctionnement des services administratifs. — Administration des corps.

HISTOIRE MILITAIRE ET STRATÉGIE.

GUERRES DE LA RÉPUBLIQUE ET DE L'EMPIRE.

Organisation et méthode de guerre des armées au début des guerres de la Révolution. — Recrutement, armement. — Modifications apportées au recrutement, à l'organisation des armées, à la tactique des trois armes pendant les guerres de la Révolution.

Progrès réalisés dans les diverses branches de l'art militaire pendant la période impériale.

Campagnes de 1796 en Italie et en Allemagne ; de 1800, en Allemagne ; de 1805 et de 1809. — Etude au point de vue stratégique ; composition des armées, plans de campagne, mouvements généraux. — Service d'exploration et de reconnaissance ; service des approvisionnements. — Etude au point de vue tactique, batailles et affaires secondaires ; ordres de marche, méthodes de combat.

CAMPAGNE DE 1859 EN ITALIE.

Causes de la guerre. — Théâtre des opérations. — Forces et concentration des armées adverses. — Plans d'opérations.

Reconnaissance offensive de Montebello.

Mouvement tournant de l'armée franco-sarde. — Palestro.

Passage du Tessin. — Robecchetto.

Bataille de Magenta. — Retraite des Autrichiens derrière le Mincio. — Réorganisation des forces autrichiennes.

Marche des alliés vers le Mincio. — Combat de Melegnano.

Bataille de Solférino. — Retraite des Autrichiens.

Mouvement du 5e corps français. — Causes déterminantes de la signature de la paix de Villafranca.

Considérations générales sur la campagne.

GUERRE DE 1870-1871.

Ire PARTIE.

Historique des armées françaises du Rhin, de Metz et de Châlons.

Préliminaires.

Causes de la guerre ; forces militaires des belligérants. — Organisation, mobilisation, concentration des armées actives. — Déploiement stratégique. — Plans de campagne.

Siège de Paris.

Iʳᵉ PÉRIODE.

Préparatifs de la défense. — Investissement de Paris.

§ 1ᵉʳ. Forces militaires réunies dans Paris. — Organisation défensive. — Marche des Allemands sur Paris ; passage de la Seine. — Combat de Châtillon. — Investissement.

§ 2. Reconnaissances offensives des assiégés. — Combats de Villejuif, de Chevilly, de Bagneux-Châtillon.
Projet du général Tripier.

§ 3. Combats pour éloigner le cercle d'investissement. — La Malmaison. — Le Bourget ; reprise du Bourget par les Allemands. — Emeute du 31 octobre.

IIᵉ PÉRIODE.

Les sorties. — Le bombardement.

Projet de sortie par la basse Seine. — Nouvelle répartition des forces de la défense. — Sortie par le Sud-Est. — Bataille de Villiers. — Diversions.

Bataille de Champigny. — Réorganisation des armées. — Projet de sortie par le Nord, attaque du Bourget. — Bombardement de Paris. — Bataille de Buzenval. — Armistice. — Capitulation.

STRATÉGIE.

§ 1ᵉʳ. *Organisation actuelle des forces militaires des grands États.*

Lois de recrutement. — Effectifs qu'elles procurent.
Corps d'armée. — Considérations d'après lesquelles la composition et l'effectif du corps d'armée français ont été fixés. — Tendances de l'opinion en Europe à cet égard. — Corps d'armée à trois divisions. — Armées. — Combinaisons d'armées.

§ 2. *Préparation à la guerre.*
Organisation du service des renseignements. — Etude des théâtres d'opérations. — Mobilisation et concentration des armées.
Déploiement stratégique.
Plans d'opérations. — Plan offensif. — Plan défensif.
De l'offensive et de la défensive stratégiques.
Bases d'opérations. — Influence de la forme, de l'étendue de la base sur la marche des opérations. — Exemples. — Objectifs.

§ 3. *Exécution des mouvements stratégiques.*

Des différentes lignes de l'échiquier stratégique. — Lignes de communications : lignes d'opérations, lignes de retraite.

Protection des lignes de communications. — Menacer et saisir les communications de l'adversaire. — Importance des positions de flanc. — Exemples.

Danger des lignes d'opérations doubles ou multiples. — Lignes d'opérations intérieures. — Exemples. — Des marches stratégiques; ordres de mouvements.

§ 4. *De la défensive stratégique.*

Lignes de défenses naturelles. — Cours d'eau; régions montagneuses.

Principes généraux sur lesquels repose la défense d'un grand pays. — Exemples.

Organisation générale et mobilisation des forces militaires des grands États de l'Europe.

Armées allemande, autrichienne, italienne, russe.

Commandement supérieur et administration centrale.

Lois de recrutement. — Effectifs. — Division du territoire au point de vue du recrutement.

Cadres actifs et auxiliaires. — Ecoles. — Service d'état-major.

Troupes. — Organisation des troupes de toutes armes en temps de paix; mécanisme de leur passage au pied de guerre.

Mobilisation générale de l'armée.

CHEMINS DE FER.

RÔLE ET IMPORTANCE DES CHEMINS DE FER.

Loi du 28 décembre 1888. — Décrets du 5 février 1889. — Règlement général pour les transports militaires par chemin de fer. — Obligations des compagnies au point de vue militaire.

Transport des militaires isolés. — Dispositions particulières concernant les réservistes. — Transport des détachements et du matériel.

Règles d'exécution des transports. — Transports stratégiques. — Préparation des transports stratégiques.

Dispositifs divers à installer sur les lignes. — Quais militaires, stations diverses, haltes-repas, etc.

Organes chargés de la direction et de la surveillance des transports stratégiques dans la zone de l'intérieur et dans la zone relevant du commandant en chef. — Rôle et fonctions de ce personnel :

1º Au point de vue des ravitaillements ;
2º Au point de vue des évacuations.

Personnel militaire des chemins de fer.

Compagnies d'ouvriers de chemins de fer du génie. — Sections de chemins de fer de campagne. — Organisation et administration de ces sections. — Nomination des agents.

Organisation à l'étranger du personnel, du matériel et du service des transports par chemins de fer.

ORGANISATION ET MOBILISATION.

PRINCIPALES LOIS MILITAIRES AU POINT DE VUE DE L'ORGANISATION ET DE LA MOBILISATION.

———

Loi du 15 juillet 1889 sur le recrutement (modifiée par la loi du 19 juillet 1892).

Service personnel et obligatoire. — Ressources fournies par la loi pour la constitution des effectifs de paix et des effectifs de guerre. — Différentes catégories d'hommes déterminées par la loi et obligations qui leur sont imposées. — Contingent de l'armée de mer.

Liste du recrutement cantonal. — Registre matricule. — Conseil de revision.

Loi du 24 juillet 1873 sur l'organisation générale de l'armée.

Recrutement national et recrutement régional.

Principes généraux de la mobilisation. — Convocation des réserves en temps de paix et en temps de guerre.

Division du territoire en régions et subdivisions de régions (décret du 6 août 1874). — Dispositions particulières aux départements de la Seine, de Seine-et-Oise et du Rhône.

Commandement, troupes et services du corps d'armée en temps de paix.

Troupes indépendantes et établissements d'intérêt général.

Répartition des troupes sur le territoire. — Exercice du commandement territorial en temps de paix.

Loi du 5 janvier 1875 sur l'organisation des commandements supérieurs de Paris et de Lyon. — Gouvernement des places de guerre.

Organisation particulière de l'Algérie et de la Tunisie. — Troupes de l'armée de terre détachées dans l'Indo-Chine.

Service du recrutement.

Loi du 13 mars 1875 sur les cadres et les effectifs.

Corps de troupe des différentes armes de l'armée active. — Leur organisation, leur groupement, leur fonctionnement. — Effectifs budgétaires et effectifs existants.

Organisation militaire des douaniers et des forestiers.

Services divers en dehors des corps de troupe.

Des officiers de réserve et de leur recrutement.

Organisation de l'armée territoriale. — Troupes et services. — Recrutement des officiers.

FORMATIONS DE GUERRE.

Organisation des états-majors, troupes et services du corps d'armée à la mobilisation.

Service de l'habillement, des munitions, des subsistances.

Service de santé.

Service de la trésorerie et des postes, de la télégraphie militaire.

Étude détaillée du corps d'armée mobilisé.

Troupes indépendantes et services en dehors du corps d'armée.

PRÉPARATION ET EXÉCUTION DE LA MOBILISATION.

Règles générales de la mobilisation.

Circonscriptions de réserve et lieux de mobilisation de l'armée active. — Préparation des effectifs de guerre. — Répartition des contingents annuels.

Recrutement et mobilisation de l'armée territoriale.

Règles d'affectation des disponibles et des réservistes de l'armée active, des hommes de l'armée territoriale.

Livrets matricule et individuel. — Ordres de route et feuilles spéciales.

Administration des hommes des différentes catégories des réserves. — Rôle de la gendarmerie. — Hommes à la disposition. — Services auxiliaires. — Changements de domicile et de résidence des hommes des différentes réserves.

Loi du 3 juillet 1877 relative aux réquisitions militaires.

Réquisition des animaux et des voitures. — Décret du 2 août 1877 et instruction du 1er août 1879. — Recensement et classement. — Circonscriptions de réquisition. — Fonctionnement des commissions de réquisition et attributions de leur président.

Règles concernant l'établissement, par les corps d'armée, des documents relatifs à la mobilisation de l'armée active et de l'armée territoriale.

TÉLÉGRAPHIE MILITAIRE.

Personnel. — Organisation de la télégraphie militaire (décret du 27 septembre 1889). — Recrutement, personnel militaire. — Emploi et situation du personnel. — Enumération et rôle des divers services de la télégraphie militaire. — Service de la cavalerie.

Matériel de poste. — Appareils portatifs. — Parleurs. — Piles portatives. — Pile Lebiez. — Cantine à appareil.

Matériel de ligne. — Matériel pour lignes volantes : câbles, crampons, perches. — Matériel pour lignes semi-fixes : isolateur, fil nu.

Matériel roulant. — Voiture-poste. — Chariot de travail. — Voiture dérouleuse. — Chariot de réserve. — Voiture légère. — Parcs télégraphiques.

Construction des lignes militaires. — Réparation des lignes aériennes. — Construction d'une ligne en câble. — Construction et relèvement d'une ligne en fil nu. — Ligne d'avant-poste.

Communications télégraphiques d'une armée. — Service de direction. — Période de concentration ; armée en marche ; pendant l'action. — Utilisation du réseau existant.

Des postes télégraphiques militaires. — Installation, service, règles pour la transmission. — Surveillance des postes et des lignes. — Surprise et utilisation d'un poste ennemi. — Mise d'un poste hors de service.

Destruction ou utilisation des lignes.

Téléphonie. — Description et emploi du téléphone. — Microphone. — Avertisseur. — Applications du téléphone.

Télégraphie optique. — Appareils du colonel Mangin. — Emploi de la lumière solaire, héliostat. — Appareils télescopiques.

Télégraphie par signaux quelconques. — Service des signaleurs.

HYGIÈNE ET SERVICE DE SANTÉ.

Alimentation des troupes en station et pendant les marches.

Hygiène en station, pendant les marches, dans les cantonnements et bivouacs.

Maladies des armées en campagne.

Premiers secours aux blessés.

Organisation et fonctionnement du service de santé à l'intérieur et en campagne.

Service de santé dans les principales armées étrangères.

ALLEMAND ET LANGUES ÉTRANGÈRES.

Les candidats auront à traduire, à la lecture, de l'allemand en français et du français en allemand.

Ils devront pouvoir lire l'allemand tant imprimé que manuscrit, écrire correctement sous la dictée et échanger avec l'examinateur quelques phrases simples de conversation.

Les officiers devront mentionner, sur leurs demandes, quelles sont les langues étrangères, autres que l'allemand, sur lesquelles ils désirent être interrogés.

BREVET.

Les officiers candidats au brevet d'état-major ne seront classés qu'autant qu'ils auront eu une moyenne générale de 12 au minimum, et auront obtenu dans les épreuves, soit pour chaque composition écrite, soit pour l'infanterie, la cavalerie, l'artillerie, l'histoire militaire et la stratégie, la note minima 7.

Le brevet ne sera délivré qu'aux officiers classés. Il y aura un classement spécial pour les officiers supérieurs et un autre pour les capitaines.

La liste des officiers qui auront obtenu le brevet sera publiée, par arme et par ancienneté dans chaque grade, conformément aux dispositions contenues dans l'article 12 du décret du 3 janvier 1891.

TABLEAU DES COEFFICIENTS

Les coefficients sont fixés ainsi qu'il suit, tant pour les épreuves écrites que pour les épreuves orales :

1° Epreuves écrites :

Question tactique..........................	12
Question de service d'état-major en campagne........	8
Croquis topographique (*a*).....................	4

2° Epreuves orales :

Tactique d'infanterie.......................	8
Tactique de cavalerie.......................	6
Artillerie................................	8
Fortification.............................	7
Histoire militaire, stratégie et tactique générale........	10
Topographie.............................	3
Administration...........................	4
Géographie..............................	6
Allemand (*b*)............................	10
Mobilisation.............................	3
Transport en chemins de fer..................	2
Télégraphie..............................	2
Hygiène.................................	2
3° Mémoires présentés	6
4° Equitation............................	6

Fait à Paris, le 24 mars 1893.

Approuvé :

Le Ministre de la guerre,

Signé : Gal LOIZILLON.

(*a*) Pour les capitaines seulement.

(*b*) Il n'est pas attribué de coefficient spécial aux langues étrangères autres que l'allemand ; les notes obtenues dans les épreuves relatives à ces langues sont comptées pour leur valeur absolue dans la somme des points acquis pour toutes les autres matières.

Toute note inférieure à 10 sera portée *pour mémoire* seulement et n'augmentera pas le nombre des points du candidat.

° CORPS D'ARMÉE.

RAPPORT

PARTICULIER

(1) Nom, prénoms et grade.
(2) On ne portera que les citations à l'ordre de l'armée.
(3) Signature de l'officier.
(4) Indiquer avec soin les numéros obtenus à la sortie de chaque école.

concernant M. le
qui se présente aux examens d'obtention du brevet d'état-major.

Age..................................... ans.
Célibataire, marié ou veuf..
Nombre d'enfants..............
Fortune................................
Taille...................................
Numéros de sortie des écoles (4)..............

M. (1)
né le   , à   , département
d   , marié le
(autorisation du   ).

A concouru en 18 , pour l'admission à l'École supérieure de guerre.
          ou :
N'a jamais concouru pour l'admission à l'École supérieure de guerre.

	ANS.	MOIS.	JOURS.

Temps de service effectif dans chaque grade et classe..........

L'emploi du temps doit être indiqué sans lacune ; les interruptions de service sont portées pour mémoire seulement et hors ligne.

Les années de service effectif seront toujours arrêtées au 31 décembre inclus de l'année courante.

TOTAL des années de service effectif au 31 décembre 18 ....

	ANS.	MOIS.	JOURS.	NOMBRE de campagnes.

Détail des services effectifs et des campagnes............

TOTAL des années de service effectif et des campagnes au 31 décembre 18 ....

Blessures................
Décorations..........
(Date des nominations.)
Citations (2)..........

          CERTIFIÉ véritable, à   , le   18 .
                    Le (3)

OPINION DU (1)

1º Physique ; 2º Aptitude au service de guerre ; 3º Aptitude au service d'état-major.	1º Conduite ; 2º Principes ; 3º Tenue.	1º Instruction générale ; 2º Langues étrangères.	1º Instruction théorique ; 2º Instruction pratique.	1º Capacité ; 2º Manière de servir ; 3º Equitation.	APPRÉCIATION GÉNÉRALE de la valeur de l'officier.
1º	1º			1º	
		1º	1º		
2º	2º			2º	
		2º	2º		
3º	3º			3º	

(2)

OPINION DU GÉNÉRAL DE BRIGADE.

(2)

OPINION DU GÉNÉRAL DE DIVISION.

A   , le   189 .

(2)

OPINION DU GÉNÉRAL COMMANDANT LE CORPS D'ARMÉE.

(2)

Ouvrages pour les Candidats à l'École de guerre

Nouveau dictionnaire militaire ; par un *Comité d'officiers de toutes armes*, sous la direction d'un officier supérieur. 1 fort vol. gr. in-8 de plus de 800 pages à 2 colonnes avec 310 figures dans le texte.
Broché.. 15 fr.
Relié toile... 17 fr.

Aide-mémoire de l'officier d'état-major en campagne. 3e édition mise à jour jusqu'au 1er mai 1890 par le 2e bureau de l'état-major général de l'armée. — *Seule édition officielle*. Paris, 1892, 1 vol. in-12 avec fig., cartonné toile anglaise. 5 fr.

Guerre moderne. — **Service d'état-major** ; par J. **Guyénot**, capitaine breveté du génie. Paris, 1886, 1 vol. in-8 avec 3 grands plans................... 6 fr.

L'armée en France. — Histoire et organisation depuis les temps anciens jusqu'à nos jours ; par **Dussieux**, professeur honoraire à Saint-Cyr. Paris 1884, 3 vol. in-18 de 400 pages.. 10 fr. 50

La défense des frontières de la France ; étude par le général **Pierron**. Tome Ier. Paris, 1892, 1 vol. de 827 pages.............................. 12 fr.

Les méthodes de guerre actuelles et vers la fin du XIXe siècle ; par le général **Pierron**, Paris, 1886-1889. Tomes I et III. 4 vol......... 23 fr. 50

Éléments de la guerre. — Ire partie : *Marches, stationnement, sûreté* ; par le colonel L. **Maillard**, breveté d'état-major, ex-professeur de tactique générale et du cours d'infanterie à l'Ecole supérieure de guerre. Paris, 1891, 1 fort vol. gr. in-8 avec figures dans le texte et un *Atlas* comprenant 28 grandes planches..... 12 fr.

La guerre raisonnée ; par le général E. **Schneegans**, ancien commandant de corps d'armée et de l'Ecole supérieure de guerre. Paris, 1891, 1 vol. in-8... 6 fr.

La guerre moderne ; par le général **Derrécagaix**. — *Stratégie et tactique*. 2e édition. Paris, 1890, 2 vol. in-8 avec atlas...................... 20 fr.

Stratégie. — Etude ; par le colonel **Blume**, commandant le régiment de fusiliers de Magdebourg, n. 36. Traduit de l'allemand, 1884. 1 vol. in-8........ 7 fr. 50

L'Allemagne et l'armée allemande. Livret de campagne ; par Jean **Povolni**. Paris, 1894, broch. in-12.. 1 fr. 25

Armement, instruction, organisation et emploi de la cavalerie. Traduit de l'allemand par Ed. **Thomann**, capitaine de cavalerie. Paris, 1884, 1 vol. in-8... 2 fr.

Règlement de manœuvre pour l'artillerie de campagne allemande, suivi des règles de tir de l'artillerie allemande. Traduit de l'allemand par Lucien **Meyer**, lieutenant au 2e régiment d'artillerie. Paris 1889, 1 vol. in-12.... 3 fr.

Histoire abrégée des campagnes modernes ; par J. **Vial**, colonel d'état-major en retraite, ancien professeur d'art et d'histoire militaires à l'Ecole d'application d'état-major. 4e édition. Paris, 1886, 2 vol. in-8 avec atlas de 51 planch. 12 fr.

Histoire de la campagne de 1800, écrite d'après des documents nouveaux et inédits ; par M. le duc de **Valmy**, fils du général Kellermann. Paris, 1854, 1 vol. in-8 avec 3 cartes.. 5 fr.

Mémoires sur la guerre de 1809 en Allemagne avec les opérations particulières des corps d'Italie, de Pologne, de Saxe, de Naples et de Walcheren ; par le général **Pelet**, d'après son journal fort détaillé de la campagne d'Allemagne ; ses reconnaissances et ses divers travaux, la correspondance de Napoléon avec le major général, les maréchaux, les commandants en chef, accompagnés de pièces justificatives et inédites. 1824-1826, 4 vol. in-8.............................. 28 fr.

Des principales opérations de la campagne de 1813, par M. le général **Pelet**. Paris, 1826, 1 vol. in-8 avec une carte........................... 7 fr.

La campagne de 1814 d'après les documents des archives impériales et royales de la guerre à Vienne. — *La cavalerie des armées alliées* pendant la campagne de 1814 ; par le commandant **Weil**, avec une préface de M. le général **Lewal**. Paris, 1892. 2 vol. in-8... 16 fr.

Précis politique et militaire de la campagne de 1815 ; par le général **Jomini**. Paris, 1839, 1 vol. in-8 avec plans, cartes et portraits......... 7 fr. 50

Guerre franco-allemande (1870-1871). Résumé et commentaire de l'ouvrage du grand état-major prussien, par Félix **Bonnet**, chef d'escadron d'artillerie. Paris, 1883-1886, 3 vol. in-8 avec 14 planches...................... 22 fr. 50

1870-1871. — Tableau-Memento chronologique des événements, avec notices explicatives; par Ch. **Romagny**, professeur adjoint de tactique et d'histoire à l'Ecole militaire d'infanterie. Paris, 1891, broch. in-8............... 1 fr. 50

Aperçus sur la tactique de demain, mise en rapport avec la puissance du nouvel armement et l'emploi de la poudre sans fumée; par le commandant **Coumès** chef de bataillon au 70e régiment d'infanterie. Paris, 1892, 1 fort vol. in-8.. 9 fr.

La tactique élémentaire de l'infanterie française depuis un siècle ; par M. **Odon**, commandant au 131e régiment d'infanterie. Paris, 1883, 1 vol. in-12 avec planches et figures dans le texte....................... 2 fr. 50

Quelques indications pour le combat ; par M. le général **Ferron**. 5e édition mise à jour avec l'emploi de la poudre sans fumée. Paris, 1892, broch. in-8. 1 fr. 50

Conférence sur la cavalerie dans le passé et dans l'avenir; par M. d'**Andlau**, lieutenant-colonel d'état-major. Paris, 1870, 1 vol. in-18 avec figures et planches......................... 75 c.

Tactique française. — **Cavalerie au combat** ; par le général T. **Bonie**. Paris, 1887, 1 vol. in-8.......................... 5 fr.

Tactique française. — **Cavalerie en campagne** ; par le général T. **Bonie**. Paris, 1888, 1 vol. in-8.......................... 4 fr.

L'artillerie de campagne en liaison avec les autres armes ; par le colonel **Langlois**, professeur à l'Ecole de guerre. Paris, 1891, 2 forts vol. in-8 avec de nombreuses figures et atlas..................... 16 fr.

Manuel complet d'artillerie, rédigé conformément au programme du cours d'artillerie professé à l'Ecole spéciale militaire et au programme d'admission à l'Ecole supérieure de guerre; par H. **Plessix**, chef d'escadron d'artillerie. Paris, 1883, 2 vol. in-8, avec 163 planches gravées intercalées dans le texte........... 15 fr.

Passage des cours d'eau dans les opérations militaires. Précis historique et traité didactique; par Louis **Thival**, capitaine au 1er régiment du génie. Paris, 1882, 1 vol. gr. in-8, avec atlas gr. in-8 de 34 planches........... 15 fr.

La fortification dans ses rapports avec la tactique et la stratégie. Conférences faites à l'Ecole supérieure de guerre (1883-1885) ; par A. **Delambre**, colonel du génie. Tome Ier : *Fortification passagère*, Paris, 1887, 1 vol. in-8 avec planche et figures.......................... 6 fr. 50

Manuel de législation, d'administration et de comptabilité militaires, à l'usage des officiers et des sous-officiers de toutes armes ; par le lieutenant-colonel L. **Beaugé**, commandant du recrutement, 9e édition, *complètement refondue et mise à jour.* Paris, 1892, 2 forts vol. in-12..................... 14 fr.

Instruction élémentaire sur la topographie, à l'usage des officiers, des sous-officiers proposés pour l'avancement et des engagés conditionnels d'un an, d'après le programme fixé par la décision ministérielle du 30 septembre 1874 ; par Éd. **Rouby**, lieutenant-colonel d'état-major. 4e édition, revue et augmentée d'une table analytique. Paris, 1893. 1 vol. in-18, avec figures et planches......... 3 fr.

Géographie militaire ; par le colonel **Niox**, professeur à l'Ecole de guerre.

— *Introduction.* **Notions de géologie,** de climatologie et d'ethnographie. 3e édit. 1 vol. in-12........................ 3 fr.

— **France.** 1892. 1 vol. in-8 avec 2 cartes....................... 5 fr.

— **Grandes-Alpes, Suisse et Italie :** Alpes et Italie, Italie péninsulaire septentrionale. 3e édition. Paris, 1891, 1 vol. in-12 avec cartes............... 4 fr.

— **Allemagne, Hollande, Danemark,** frontières occidentales de la Russie. — 3e édition. Paris 1891, 1 vol. in-12 avec cartes................ 4 fr.

— **Autriche-Hongrie et péninsule des Balkans.** 2e édition. 1 vol. in-12. Paris, 1887........................ 4 fr. 50

— **Le Levant et le bassin de la Méditerranée.** 2e édition. Paris, 1887, 1 vol. in-12 broché....................... 3 fr.

— **Algérie et Tunisie.** 2e édition. Paris, 1890, 1 vol. in-12............ 6 fr.

— **L'expansion européenne**, empire britannique et Asie, Afrique, Océanie. Paris, 1893. 1 vol. in-8......................... 5 fr.